ピンとくる仕事や先輩を見つけたら、巻末のワークシートを記入用に何枚かコピーして、手もとに置きながら読み進めてみましょう。

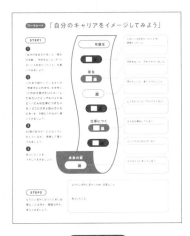

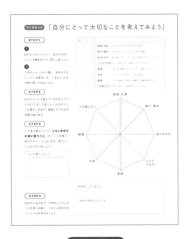

ワークシート
「自分のキャリアをイメージしてみよう」

ワークシート
「自分にとって大切なことを考えてみよう」

このワークシートは、自分の未来を想像しながら、
自分が今いる場所を確認するための、強力なツールです。

STEP1から順にこのワークに取り組むと、
「自分の得意なこと」や「大切にしていること」が明確になり、
思わぬ気づきがあるでしょう。

そして、気づいたことや思いついたことは、
何でもメモする習慣をつけるようにしてみてください。

迷ったとき、くじけそうなとき、記入したワークシートやメモをふりかえれば、
きっと、本来の自分を取り戻し、新たな気持ちで前へと進んでいけるでしょう。

さあ、わくわくしながら、自分の未来を想像する旅に出かけましょう。

ボンボヤージュ、よい旅を！

ジブン未来図鑑編集部

ジブン未来図鑑
キャラクター紹介

「スポーツが好き！」
「食べるのが好き！」
メインキャラクター
ケンタ
KENTA

参謀タイプ。世話好き。
怒るとこわい。食べるのが好き。

「宇宙が好き！」
「デジタルが好き！」
メインキャラクター
ダイキ
DAIKI

「子どもが好き！」
「動物が好き！」
メインキャラクター
アンナ
ANNA

ムードメーカー。友達が多い。
楽観的だけど心配性。

「医療が好き！」
「おしゃれが好き！」
メインキャラクター
ユウ
YŪ

人見知り。ミステリアス。
独特のセンスを持っている。

ゲームが得意。アイドルが好き。
集中力がある。

「アニメが好き！」
「演じるのが好き！」
メインキャラクター
カレン
KAREN

リーダー気質。競争心が強い。
黙っているとかわいい。

職場体験完全ガイド＋

ジブン未来図鑑

JIBUN MIRAI ZUKAN

10

宇宙が好き!

宇宙飛行士　　星空写真家　　宇宙開発起業家　　天文台広報

CONTENTS
ジブン未来図鑑 職場体験完全ガイド＋

MIRAI ZUKAN 03

宇宙開発起業家

MIRAI ZUKAN 04

天文台広報

ASTRONAUT

宇宙飛行士

宇宙ってどんなところ？

宇宙で何をしているの？

どんな勉強をすればいいの？

無重力ってどんな感じ？

宇宙飛行士ってどんなお仕事？

宇宙空間でいろいろな作業を行う人のことを宇宙飛行士といいます。現在、宇宙飛行士は国際宇宙ステーション（ISS）に滞在し、科学実験や宇宙船の操縦、宇宙船の外に出て作業を行う船外活動などを行います。ISSには、アメリカやロシアなど、世界15か国が共同で運用している宇宙の実験室があり、言葉や文化の異なる宇宙飛行士が共同生活をしています。ISSでの滞在期間は、数か月から半年くらいです。

日本人宇宙飛行士の場合、実際に宇宙空間で作業を行うのは5〜10年に1回ほどです。宇宙にいない時は、地上で宇宙に関係する仕事にたずさわり、次のミッション（任務）に向けた訓練を受けます。

給与
（※目安）

３２万円
くらい〜

日本の宇宙飛行士は現在、宇宙航空研究開発機構（JAXA）に所属しており、JAXAから給与をもらっています。収入は年齢や経験などによってちがいがあります。

※既刊シリーズの取材・調査に基づく

（ 宇宙飛行士に なるために ）

ステップ 1
JAXAが行う 選抜試験に応募する
JAXAが実施する宇宙飛行士候補者の選抜試験に応募して、試験を受ける。

ステップ 2
宇宙飛行士候補者に なり、訓練を受ける
試験に合格後は、JAXAに所属して宇宙飛行士候補者となり、数年間の訓練を受ける。

ステップ 3
宇宙飛行士に
宇宙飛行士として認められると、ミッションを命じられ宇宙へ出発する。

こんな人が向いている！

宇宙に興味がある。

前向きで明るい。

英語が得意。

冷静で的確な判断ができる。

チームワークを大切にする。

もっと知りたい

2021年度の募集では、3年以上の実務経験があり、一定の身長や視力、聴力、色覚に問題がなければ選抜試験に応募できました。試験は一般教養のほか、STEM分野とよばれる、科学・技術・工学・数学の問題が出題されます。英語力も欠かせません。

©JAXA/NASA

キューポラ（観測窓）にいる大西さん。窓の向こうに、ここまで乗ってきたソユーズ宇宙船と青い地球の姿が見えています。

国際宇宙ステーション（ISS）で
実験や研究にたずさわる

国際宇宙ステーション（ISS）は、地表から約400キロメートルの上空にあり、宇宙飛行士は、地上から打ち上げられるロケットに乗りこんで、ISSへと向かいます。大西卓哉さんは、2016年7月から約4か月の間、ISSに滞在していたJAXAの宇宙飛行士です。

ISSの中は、地表とくらべると重力がはるかに小さく、この「微小重力」を生かしてさまざまな研究や実験が行われています。こうした研究にたずさわるの

が、大西さんたち宇宙飛行士の重要な仕事の1つです。

日本は、ISSに「きぼう」という実験棟をもっていて、日本で企画された実験は、主に「きぼう」の中で行われます。実験の内容はさまざまですが、大西さんが担当していたのは、宇宙空間での身体の変化を見るマウスの飼育実験や、新薬の研究にもつながるタンパク質の結晶生成実験、無重力を利用した物質の燃焼実験などです。

こうした実験のほかにも、ISSの維持と管理、地上との交信、ロボットアームを操縦して船外の活動をサポートするなど、大西さんたちが担う役割がたくさん

あります。

　大西さんにとって、仕事の何よりのやりがいは、宇宙に行けることです。宇宙飛行士として活躍するためには、きびしい選抜試験を乗りこえ、宇宙飛行士候補者にならなければなりません。候補者になったあとも、平均で5年以上の長い訓練が必要で、大西さんの場合は、約7年にわたる訓練期間がありました。宇宙船のシステムや英語、ロシア語といった語学の勉強、緊急事態にそなえたサバイバル訓練、無重力に慣れるための訓練など、その内容は多岐にわたります。大西さんは、宇宙に行きたいという強い思いで、数々のきびしい訓練に1つ1つ全力で取り組み、宇宙飛行士としての能力を高めていったのです。

宇宙に滞在していない時は「きぼう」の管制官として活躍

　大西さんの仕事は、宇宙空間での作業だけではありません。ISSに滞在できる人数は限られているため、地上にいる時は別の業務にたずさわっています。仕事の内容は人によって異なり、大西さんの場合は、地上で「きぼう」のコントロールを行う管制官としての業務にあたっています。

　茨城県の筑波宇宙センターにある「きぼう」の管制

日本の実験棟である「きぼう」で、生物の細胞の変化を調べる細胞培養装置を操作しています。

「きぼう」の管制室からISSの宇宙飛行士がスムーズに活動できるようにし、何かあれば指示を出します。

室は、24時間体制で運営されていて、つねに「きぼう」内のデータや実験の状況を監視しています。管制室には、「きぼう」の運用計画や実験の責任者、通信機器や電力系機器を監視する人など、専門性の高い知識をもった管制員たちがチームを組み、運用にあたっています。大西さんは、そのなかでも管制室の総指揮をとるフライトディレクタという役職についています。大西さんは、管制チームの人たちに指示を出し、宇宙にいる宇宙飛行士が問題なく作業を進められるようにします。また、予期せぬ事態が起こった時は、冷静に対応を考え指揮をとります。時には、ISSを共同で運用している他国のフライトディレクタとも連携をとって、解決にあたります。フライトディレクタは、宇宙と地上をつなぐ重要な仕事です。

　大西さんは、フライトディレクタを「オーケストラの指揮者のような存在」だといいます。宇宙と地上という、2つのチームがおたがいに力を合わせ、そのなかで自分の指揮によって、困難な課題を無事成功に導いた時、大きな達成感と喜びを感じるのです。

　また、大西さんはJAXA宇宙飛行士として講演したり、メディアから取材を受けたりするなど、幅広い広報活動も行っています。宇宙の魅力を多くの人に伝え、宇宙開発の意義を知ってもらうことも、大西さんの大切な仕事なのです。

TAKUYA'S 1DAY

大西卓哉さんの
おおにしたくや

1日

国際宇宙ステーション（ISS）で
こくさいうちゅう　　アイエスエス
さまざまな作業を行う大西さんの
おおにし
1日を見てみましょう。

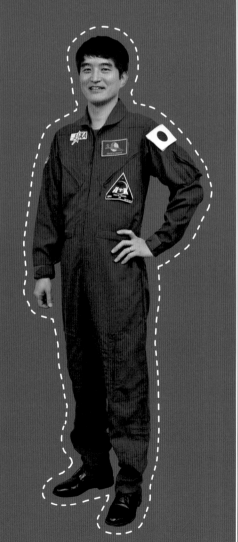

©JAXA/NASA　　©JAXA/NASA

＊ISSでの時間は、
アイエスエス
地上と同じく1日を
24時間で計算し、
日本とは9時間の時
差があります。

朝食用に用意さ
れている缶詰の
かんづめ
なかから選んで
食べます。

6:00
起床・身支度
きしょう・みじたく

6:30
朝食

21:30
就寝
しゅうしん

19:00
夕食・自由時間

動かないよう
に、かべに固
定された自分
用の寝袋に入
ねぶくろ
って寝ます。
ね

夕食後は、家族に電
話やメールをした
り、地球の写真を撮
と
ったりして、自由に
すごします。

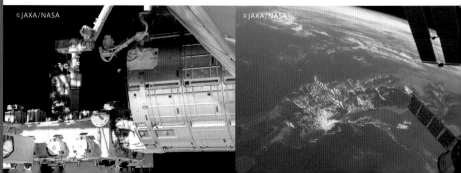

©JAXA/NASA　　©JAXA/NASA

宇宙飛行士の業務内容は、地上スタッフが計画しているので、始業前にその日の作業の注意事項を確認します。

この日は、タンパク質の結晶をつくる装置で実験をするので、その準備などをします。1日の作業時間は6時間半が目安です。

宇宙食は飛びちらないように粘りけがあり、スプーンなどで食べます。300種類以上あり、栄養バランスも考えられています。

7:30
地上スタッフとミーティング

8:00
作業開始

12:00
昼食・休憩

18:30
地上スタッフとミーティング

16:00
トレーニング

13:00
ISS内の掃除・点検

地上スタッフに、この日の作業内容などを報告したら、終業となります。

ISSには重力がほとんどなく、運動をしないと筋肉や骨が弱ってしまいます。体力維持のため、エクササイズ装置を使って、毎日筋トレをします。

ISS内の掃除や機器類の点検は、機械の故障をふせぐための大切な仕事です。

大西卓哉さんをもっと

**宇宙飛行士をめざした
きっかけは何ですか？**

　宇宙飛行士になるきっかけとなったのは、2本の映画です。1本は、小さいころに見た映画『スター・ウォーズ』で、宇宙そのものへの興味をもつようになりました。もう1本は、19歳の時に見た『アポロ13』です、この映画を見て、宇宙に関係する仕事のなかでも、宇宙飛行士になろうと決意しました。

　『アポロ13』は、実際に起こったアポロ13号の宇宙船事故を映画にしたものです。宇宙飛行士たちと地上のスタッフの息の合ったチームプレーで、危機的な状況を乗りこえ、苦難のすえに乗組員は無事に地球にもどってくることができたのですが、ストーリーに感動するとともに、チームで大きなことを成しとげるということにあこがれをいだきました。

**宇宙飛行士になるために
どんな努力や勉強をしましたか？**

　宇宙飛行士になるために、何か特別なことをやってきたわけではありません。その時々で、目の前のやるべきことに一生懸命取り組んだことが、宇宙飛行士という仕事につながったと思っています。

　特に、選抜試験を終えたあとの、宇宙飛行士になるための訓練は本当に大変で、全力で取り組みましたね。訓練の期間は長く、その内容もさまざまなので、

1つ1つの訓練になやむことはたくさんありました。なかでも印象に残っているのはロシアでの訓練です。合宿所に泊まりがけで宇宙船について勉強するのですが、システムの構造だけでも覚えることがたくさんあるうえ、不慣れなロシア語で学ばねばならず、毎日夜おそくまで勉強していました。人生で一番勉強したのは、あの時期だったのではないかと思います。

**宇宙に到達した時は
どんな気持ちでしたか？**

　まず、無重力がとても不思議な感覚でした。到達してしばらくは、前に向かって落ちていくような錯覚がぬけず、いすにしがみついていましたね。落ちるということはあり得ないのですが、まるで天井にはりついている忍者のような気分でした。その感覚がぬけて、落ち着いたころ、ようやく地球を見てその美しさを感じることができました。色は思った通りの青で、地球の表面の70パーセントは海だということを実感しました。

　また、ISSの自由時間に『スター・ウォーズ』を見直したのですが、その時はあらためて感慨深い気持ちになりましたね。

**宇宙飛行士になるために必要だと
思うことは何ですか？**

　苦手なことや、きらいなことでも一生懸命取り組

知りたい

むことだと思います。だれにも、得意なこともあれば、苦手なこともありますし、時には「何でこんなことしないといけないんだろう」と思うこともあるでしょう。でも、宇宙飛行士になるためには、どんなことにもきちんと取り組むことがとても大切です。

ぼくにも、苦手な訓練がたくさんありました。じつは、打ち上げの瞬間の心境だけは想像がつかなくて、もしかしたらこわくてにげ出したくなるんじゃないかとも思っていたんです。でも、いざその時が来たら、想像していたよりもずっと冷静に目の前の仕事をこなすことができました。これまでの訓練が、自分の背中をおしてくれた気がしましたね。

「苦手なことに取り組むこと」そのものが、自分の心を成長させてくれていたんだと気づきました。

ダイキからの質問

> 宇宙空間で寝るのって
> どんな感じなの？

ISSの中では、宇宙飛行士1人1人に、電話ボックスくらいの大きさの個室があって、そこに寝袋を固定して眠ります。意外に思われるかもしれませんが、宇宙では体に何の力もかからないので寝心地はとてもいいんです。宇宙で睡眠の質が悪くなったという人には会ったことがないですね。ぼくは地上では8時間くらい睡眠を取りたいのですが、宇宙では6時間でも元気いっぱいになれました。

わたしの仕事道具

面ファスナー

無重力の宇宙では、ものを置いておくことができず、すぐにあちこち浮いてしまいます。そこで、服やペンなどにおたがいに貼りつく面ファスナーをつけて、ペンなどが飛んでいかないように服に貼って固定します。

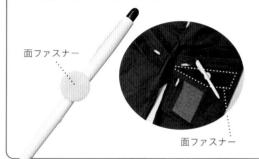

面ファスナー

面ファスナー

みなさんへの
メッセージ

自分が苦手なことや、きらいなことでも、目の前にあることに一生懸命に取り組んでください。その経験が、心と体をきたえ、宇宙飛行士になるという夢に、導いてくれると思います。

プロフィール

1975年、東京都生まれ。東京大学在学中は人力飛行機製作サークルに入り、空を飛ぶことに興味をもつ。その後、全日本空輸に入社。2009年に日本人宇宙飛行士の候補者に選ばれ、2016年に、国際宇宙ステーション（ISS）の第48次／第49次長期滞在クルーのフライトエンジニアとしてISSに約113日間滞在。

大西卓哉さんの今までとこれから

©JAXA/NASA

1975年誕生

4歳

子どものころから宇宙への興味はあったが、この時の将来の夢は、科学者か画家だった。しかし絵心がないことに気づき、画家はあきらめる。

16歳

高校に入学し、宇宙の研究に欠かすことのできない物理学のおもしろさに目覚める。

今につながる転機

19歳

映画『アポロ13』に感動し、宇宙飛行士になることを決意。航空宇宙工学科をめざし、東京大学工学部航空宇宙工学科に進学する。

パイロット訓練生として航空会社の全日本空輸に入社。その後、ボーイング767型機という機種の旅客機の副操縦士になる。

22歳

33歳

宇宙飛行士候補者選抜試験に応募し、数々の試験をくぐりぬけて合格。JAXAに採用される。

長期間の訓練を終え、宇宙飛行士として宇宙へ出発し、国際宇宙ステーションに約113日間滞在。

40歳

現在

47歳

©JAXA

国際宇宙ステーションの日本実験棟「きぼう」のフライトディレクタをつとめる。

未来

？歳

年齢的にはきびしいかもしれないが、宇宙飛行士として月に行ってみたい。

大西卓哉さんがくらしのなかで大切に思うこと

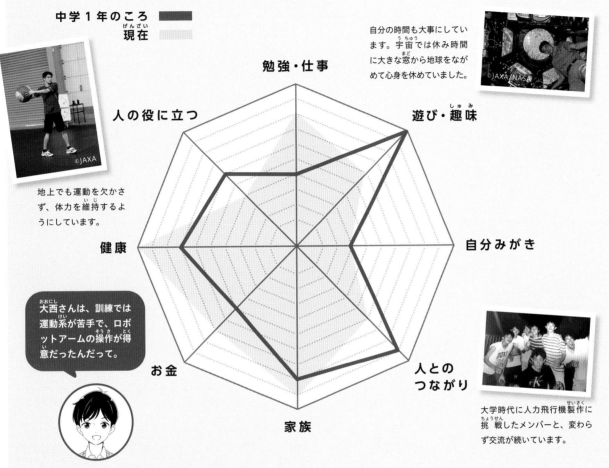

中学1年のころ ■■■
現在 ▨▨▨

自分の時間も大事にしています。宇宙では休み時間に大きな窓から地球をながめて心身を休めていました。
©JAXA/NASA

地上でも運動を欠かさず、体力を維持するようにしています。
©JAXA

勉強・仕事

遊び・趣味

人の役に立つ

自分みがき

健康

大西さんは、訓練では運動系が苦手で、ロボットアームの操作が得意だったんだって。

お金

人との
つながり

家族

大学時代に人力飛行機製作に挑戦したメンバーと、変わらず交流が続いています。

大西卓哉さんが考えていること

オンとオフを切りかえて
自分をリラックスさせる

　毎日の生活のなかで、仕事をしている時と休んでいる時など、スイッチのオンとオフの切りかえを、しっかりとつけるように意識しています。

　たとえば、仕事でも私生活でも、集中して取り組まないといけない状況が時々やってくるので、その時は気持ちをオンに切りかえ、そのほかのことは多

少犠牲にしても、目的や目標に向けて集中するようにしています。一方で、やらなければならないことがそれほど多くない時期には、しっかりと自分をリラックスさせるように心がけます。

　ぼくの場合は、自分の時間をもつことがリラックスにつながります。1日30分から1時間くらいは、自分の好きなことをする時間をつくるようにしています。それは宇宙でも同じで、本を読んだり、音楽を聴いたりしながら、心身を休めています。

STARRY SKY PHOTOGRAPHER

星空写真家

星空写真家
って？

ほかの写真家と
どこが
ちがうの？

どんなふうに
撮影しているの？

撮影をするのは
夜だけなの？

星空写真家ってどんなお仕事？

　星空写真家は、主に夜空にある星や惑星、衛星などの天体を撮影する写真家のことです。星空の写真は天体そのものを撮影する場合もあれば、景色と合わせて、夜空の風景として撮影する場合もあります。この仕事に特に決まった名称はなく、天体写真家や星景写真家と名乗る人もいます。

　星空写真家が撮影する天体の写真は、カメラメーカーが新しいカメラの性能や使い方を紹介するためのパンフレットに使われたり、写真集にして出版されたり、天文雑誌の記事に掲載されたりします。また、天体を撮影するだけでなく、天体写真撮影の講座を開いて一般の人にその技法を教えたり、書籍を出したりして、星空の魅力を伝える仕事をする人もいます。

給与
（※目安）

15 万円
くらい～

　活動内容によって収入は変わります。天体撮影の仕事だけでは十分な収入を得られない場合も多いので、撮影以外の仕事をしている人もいます。

※既刊シリーズの取材・調査に基づく

（ 星空写真家に なるために ）

ステップ 1
カメラの あつかい方を学ぶ
専門の学校で学んだり、写真館や新聞社・出版社などに就職して実地で学んだりします。

ステップ 2
天体の知識や 撮影方法を学ぶ
自分で研究したり、人に教わるなどして、天体の知識や、天体撮影の方法を学びます。

ステップ 3
星空写真家として活動
天体写真をメディアなどに提供したり、写真集の出版をしたりします。

こんな人が向いている！

天体（星空）が好き。
カメラが好き。
しんぼう強い。
好奇心が強い。
チャレンジ精神がある。

もっと知りたい

　星空を撮るのに、数秒ごとに撮った写真をつないでパラパラ漫画のように見せる「タイムラプス」という撮影方法があります。空の変化がわかりやすく臨場感も出せる撮り方で、需要が高いので、タイムラプス動画が撮れると、強みになります。

星空写真家
星空写真家
成澤広幸さんの仕事

暗闇にかがやく星空を撮影する成澤さん。星空の構図を確認しながら、何度もシャッターを切ります。

カメラメーカーなどからの依頼で
星空写真を撮る

　成澤さんは、天体や夜空の風景を撮影する星空写真家で、依頼を受けて撮影活動をしています。たとえば、カメラメーカーなどからは、新製品のカメラのパンフレットや店頭掲示用に、商品の性能がわかる写真を依頼されたり、自治体からは、観光用のタイムラプス動画（一定の間隔で撮影された静止画をつなげた動画）の撮影や制作などを依頼されたりします。

　撮影内容は、具体的に指示される場合もあれば、使用目的に合わせてどういった写真がよいか成澤さんが考える場合もあります。撮影内容が決まると、メインの星や背景をどう配置して撮るか構図を考え、撮影の候補地の見当をつけます。どこでどんな構図が撮れるのかいくつもの場所を頭に入れています。星空をきれいに撮るために、撮影のほとんどは街灯の少ない街から離れた場所で行います。そうした候補地の中から撮影日に晴れている場所で撮影します。撮影日は天気のほか、星の光がよく写るよう、月明かりの少ない日であることを確認しておくことも重要です。

　撮影当日は、明るいうちに現地に行ってロケハンを

16

行い、あらかじめ考えていた構図で撮影するには、どこにカメラを置いたらいいのかなど、具体的にどのように撮影するのかを考えます。日が暮れたら撮影開始です。明け方近くまで星空の動きに合わせて、ねらった構図が撮れるよう、考えながら撮影します。

成澤さんが星空の撮影で大事にしていることは、「見る人に伝わる写真を撮る」ということです。月食の場合は、天体望遠鏡にカメラをつなげて、なるべくアップで撮影したほうが月がどのように欠けているのかがよくわかります。流星であれば、静止している写真よりも動画のほうが見る人に伝わります。また、新商品のカメラでの撮影を依頼されている場合は、星空のすばらしさだけではなく、使っているカメラの性能も伝わるものでなければいけません。意図が伝わりやすいよう、撮影方法を考えることも大事なのです。

メディアやユーチューブで
星空の情報やすばらしさを伝える

成澤さんの活動は、星空の撮影だけではありません。星空のすばらしさを伝える講演活動を行ったり、本や雑誌の記事を執筆したりしています。また、ユーチューバーとしての活動も盛んに行っています。

パソコンを使って、撮影した写真データの調整を行い、星空がより美しく見えるようにします。

星空の撮影方法をわかりやすく伝えるユーチューブ番組を撮影して、配信します。

成澤さんのユーチューブ番組では、天文の情報や、星空撮影、タイムラプス撮影の方法、機材の紹介などを配信しています。星空の撮影を行う様子を動画で撮影して発信したり、流星群の時期には、ライブ配信を行ったりもしています。成澤さんがユーチューブをはじめたのは、フォロワーの数という形で見ている人数がわかるので、星空情報の発信者としての影響力も把握できると考えたからでした。また、より多くの人に星空のすばらしさや撮影方法を伝えることで、星空ファンを広げつつ、影響力のあるインフルエンサーになりたいと思っていました。

流星群や月食など、1年に数多くの天体ショーがあります。こうした天体ショーは、数日前か当日に話題になるくらいで、一般の人が事前に知る機会があまりありませんでした。成澤さんのような星空写真家も、天体望遠鏡やカメラのメーカーも、天体ショーについて広く発信する機会がなく、そのため、テレビなどでその日に流星群が来ると知って、天体望遠鏡で見たい、写真を撮りたいと思っても、必要な情報を得る方法がわからない人も多かったのです。成澤さんのユーチューブ番組では、天体ショーをはじめ、さまざまな星空の情報や、撮影方法などを広く伝えることで、星空ファンを増やし、カメラなどの需要を高めることにも貢献しています。

成澤広幸
なりさわひろゆき
さんの
1日

ユーチューブの撮影後に、郊外へ星空の写真を撮りに行く成澤さんの1日を見てみましょう。

8:00

取り引き先からの連絡や、写真家仲間からの情報をチェックします。

6:30
起床・朝食

7:00
メールチェック

3:00
仮眠後に帰宅

撮影が終わったら、運転前に少し仮眠をとります。その後、調べておいた地元の温泉に入るのも楽しみの1つです。朝のうちに車で出発して、午前中には自宅に帰ります。

18:00

仕事場につくった
スタジオで撮影し
ます。配信内容も
撮影も、すべて自分
で考えて行います。

撮影が終わったら
すぐに、配信する
ための動画を編
集します。

撮影場所の天気を
チェックしてから、
前日に用意してい
た機材を車に積み
込みます。

車で数時間の撮影
場所に向かいます。
食事は途中のサービ
スエリアなどですま
せます。

8:00
ユーチューブの撮影

9:30
動画の編集

12:00
撮影準備

13:00
撮影場所に出発

18:00
撮影開始

16:00
仮眠

15:15
撮影場所の確認

15:00
到着

基本的に休憩はとら
ず、星空が時間によっ
て変化するのに応じて
構図を考えながら撮影
を続けます。

撮影場所を決め
て周囲を確認し
ます。時間があ
れば、少し仮眠
をとります。

明るいうちに、撮影場
所の足場や、周囲に想
定していない街灯や撮
影の障害になるものが
ないか、確認をします。

到着したら、撮
影機材を車から
おろし、撮影の
準備をします。

INTERVIEW インタビュー

成澤広幸さんをもっと

なりさわひろゆき

星空写真家になろうと思った
きっかけは何ですか?

　中学生のころから音楽ばかりやっていて、社会に出る時何か仕事をしないといけないと思い、会社説明会に行っておもしろそうだと思った写真館に入社しました。そこで写真撮影について学んだあと、家電量販店で天体望遠鏡を販売する仕事についたのですが、この時はじめて星空の魅力に触れました。その後、天体望遠鏡のメーカーに営業マンとして再就職。営業活動の一環として、天体望遠鏡を買いに来たお客さまに使い方を教えるために、天体写真の撮影をするようになりました。すると、わたしの撮影した天体写真や、お客さまへの解説が評判になり、営業の仕事をしながら写真家として活動をするようになったのです。しばらくは、営業と写真家としての活動を並行して行っていたのですが、写真家としての仕事がいそがしくなったことや、人のすすめがあったこともあり、独立して星空写真家になることを決めました。

写真家になるために
大変だったことは?

　写真館に入った時は、撮影技術の向上と社会人としての経験を両立させることがとても大変でした。ストレスも多く、失敗もしました。それらを1つ1つ乗りこえていくのにとても苦労しましたが、乗りこえるた

めに、自分自身に高い目標設定を課して、成長するイメージをつねにもつようにしていました。

星空写真家の活動で
苦労していることは?

　今も苦労しているのは、ユーチューバーとしての活動と、撮影や講演などの仕事との両立です。わたしは、ユーチューブの配信を撮影から編集まで自分1人で行っています。たとえば、星空の写真を撮影している様子を配信する場合、星空の撮影をしながら、動画の撮影も行います。ただカメラを回しているだけでは、おもしろい動画は撮れません。星空の撮影に集中しながら、動画をどう編集するのかを考えてカメラを回すというのは、何人分もの仕事を1人で行うことになるので、とても大変なのです。

この仕事でうれしいことや
印象に残っていることはありますか?

　自分が思った通りの作品が撮れたり、取り引き先やユーチューブの視聴者などから喜びの反応があった時は、とてもうれしく、やりがいを感じます。
　また、撮影で行ったアメリカ・ユタ州のブライスキャニオンという場所で見た星空がすばらしくて、感動のあまり泣いてしまったほどで、とても印象に残っています。星空の映像をユーチューブで配信することで、

知りたい

その感動を共有して喜んでもらえるのもうれしいですね。

> **星空写真家になるために**
> **必要なことはありますか?**

　星空写真家になるのに資格は必要ありませんが、撮影機材のあつかい方や撮影の技術を身につけることは必要です。また、写真家に必要な感性をみがくことも重要だと考えています。そのためには、ほかの人の写真や映画を見たり、音楽を聴いたりするなど、さまざまな文化に触れることが大切です。また、独立後に必要な人脈をつくったり、社会人として仕事をスムーズに行うための基本を身につけたりするために、5年以上は社会人経験を積むことをおすすめしたいです。

ダイキからの質問

> **星空を撮るために**
> **天体の知識は必要ですか?**

　星空写真家に限らず、写真家というのは、被写体のことを学ばないといけません。撮影する相手のことをわかっていないと、どのように撮影したらいいのか、自分の決断ができないからです。たとえば、天の川を撮りたいと思っても、天の川が夜空のどの場所にあるかがわからないと撮影できませんよね。ですから、撮りたい天体に関する基本的な知識は必要です。

わたしの仕事道具

天体望遠鏡

星や月をアップで撮る時など、天体望遠鏡をカメラに接続して撮影します。天体望遠鏡は、星空写真家としてのわたしの原点です。天体望遠鏡ではじめて土星や木星を見て感激したことが、人生を大きく変えてくれました。

 ### みなさんへの
メッセージ

写真家は多くのことをもとめられます。さまざまなことに挑戦し、考えながらやり切った体験が必要です。すべてが将来につながると思って、自分の可能性を制限することがないように毎日をすごしてください。

成澤広幸さんの今までとこれから

プロフィール

1980年、北海道生まれ。写真館、家電量販店の販売員、天体望遠鏡メーカーの営業マンを経て、星空写真家に。全国各地のカメラ専門店や量販店で星空撮影のセミナーを行い、雑誌などで連載を担当。ミュージシャンとしての一面ももち、自身のタイムラプス作品では、自らが作曲・演奏した音楽を使用しています。

1980年誕生

9歳

それまで、スケートボードやダンス、ピアノを習っていて、9歳のときに漫画の影響で剣道もはじめる。

13歳

先輩からの勧誘でサッカー部に入部。サッカーづけの毎日を送る。

15歳

ギターをはじめる。意外に上達したことで、高い向上心がめばえ、以後音楽中心の生活が続く。

やりたいことがないまま、会社説明会で写真館のことを知り、興味をもって就職。カメラをはじめる。

22歳

今につながる転機

カメラのデジタル化が進み、勉強しようと家電量販店の販売員に。天体望遠鏡の担当となり、天体望遠鏡で見た星空に感動する。

25歳

販売員としての実績が認められ、天体望遠鏡メーカーに就職する。

29歳

35歳で写真家活動をはじめ、40歳で天体望遠鏡メーカーを退職して独立。ユーチューブ配信も開始する。

40歳

現在

42歳

カメラメーカーや自治体からの依頼を受けて星空の撮影をし、各地で撮影のセミナーを開くほか、星空撮影の方法などを教えるユーチューバーとしても活躍中。

未来

50歳

自分のスタジオをもちたいと思っている。

成澤広幸さんがくらしのなかで大切に思うこと

なりさわひろゆき

中学1年のころ ▬▬▬
現在 ▬▬▬
げんざい

昔から格闘技が
かくとうぎ
好きで、数年前、
健康のためにボ
クシングをはじ
めました。

カフェめぐりが好きです。
カフェのおしゃれな雰囲
ふんい
気に触れて、感性をみが
き ふ   かんせい
きます。

勉強・仕事

遊び・趣味
しゅみ

人の役に立つ

自分みがき

健康

成澤さんは、星空写真
なりさわ
家として注目されるこ
とで、星やカメラの魅
み
力を広めたいと考えて
りょく
います。

お金

人との
つながり

家族

今も音楽活動を続けています。
共通の趣味で結ばれた友人関
しゅみ
係はとても大切です。

成澤広幸さんが考えていること
なりさわひろゆき

「自分に負けない」「周囲に感謝」
しゅうい   かんしゃ
「休息をとること」を大切に

　わたしは、日々仕事をする上で、「自分に負けな
ひび
いこと」「休息をとること」「周囲に感謝すること」
しゅうい   かんしゃ
この3つを大切にしています。

　写真家として独立すると、ある程度自分の思い通
どくりつ   ていど
りに仕事をすることができますが、いつでもなまけ
ることもできてしまいます。自分に負けてまわりの

人に迷惑をかけないよう、しっかりと仕事をするこ
めいわく
とを心がけています。自分に仕事を依頼してくれた
いらい
相手に対して、満足してもらえる仕事をすることで、
感謝の気持ちを表現できると考えています。その上
かんしゃ   ひょうげん
で、自分のやりたいことや、成長したい方向に向け
た努力を重ねています。

　また、好きなことを仕事にすると、休むことを忘
わす
れがちですが、体をこわしては意味がありません。
体を休めることも大切な仕事だと思っています。

SPACE ENTERPRENEUR

宇宙開発起業家

起業家って
何をするの？

宇宙開発って
どんなこと？

お金は
どうやって
集めるの？

どんな人が
かかわるの？

宇宙開発起業家ってどんなお仕事？

起業家は自分で新しい事業を立ち上げ、その事業で利益を上げ、社会に貢献するのが仕事です。宇宙開発起業家は、人工衛星やロケットなど宇宙開発に関する新しい会社を設立して事業を行います。たとえば人工衛星やロケットの開発や打ち上げを通じて大気に関するデータを収集したり、地球の状態を観測したりします。それによって人間が宇宙で活動したり、地球環境を改善したりすることに貢献できます。宇宙開発は大きな可能性をもつ成長分野で、大企業だけでなく世界中からさまざまな企業が参入してきているので、今後ははげしい競争が予想されます。宇宙開発起業家は事業に必要な人材や資金を集め、事業を成功に導き、利益に結びつける責任を負います。

給与
（※目安）

50万円
くらい〜

起業時は、事業に必要な人材や設備の準備もあり、資金提供を受けるまでは収入が少ない可能性があります。事業が成功すればかなり高い収入が見込まれます。

※既刊シリーズの取材・調査に基づく

宇宙開発起業家に なるために

ステップ ①　宇宙について学ぶ
宇宙や天体、地球環境などについて大学などで学び、専門的な知識や技術を身につける。

ステップ ②　必要な人材や 投資家を見つける
事業に必要な技術者やスタッフ、事業に投資してくれる投資家を見つけ協力をもとめる。

ステップ ③　起業して事業を展開
会社を設立し、事業の進め方や資金の集め方を決め、責任をもって実行する。

こんな人が向いている！

好奇心や探求心が強い。

行動力がある。

柔軟な発想ができる。

責任感が強い。

リスクをおそれない。

もっと知りたい

宇宙にかかわる分野としては、物理や数学、理学、工学などがあります。宇宙開発起業家は事業を展開するためにも、宇宙や天体の知識があることがもとめられますが、技術面のプロである必要はなく、何を実現したいかを考え、行動する力が大切です。

人工流れ星のプロジェクトのミッションについての情報をスタッフに伝えます。

人工流れ星を夜空に流す
プロジェクトを実現する

　宇宙開発起業家の岡島礼奈さんは株式会社ALEという会社の社長です。この会社では、人工流れ星を夜空に流すプロジェクトが進められています。人工流れ星というのは、流れ星のもととなる「流星源」という直径1センチほどの金属のつぶを小型人工衛星にのせて宇宙から放出し、それが大気圏に突入すると燃えつき、地上からは流れ星のように見えるというものです。

　会社の方向性やビジョン（目標）をはじめ、このプロジェクトの実現に必要な意思決定をするのが岡島さんの大きな仕事です。なかでも、事業のために必要な人材を見きわめ、採用を決定することが重要です。

　人工流れ星は、岡島さんが学生時代に思いついたアイデアですが、会社の事業として実現するには、人工衛星を開発する技術者、人工流れ星を放出するための技術者などのほか、営業、広報などの担当者が必要です。こうした人を採用する時に岡島さんが重視するのは専門の能力ばかりでなく、ALEのビジョンである「宇宙を、好奇心に動かされた人類の、進化の舞台にする」や、ミッション（使命）である「科学を社

会につなぎ 宇宙を文化圏にする」を理解して仕事に取り組んでくれるかどうかです。どんなに優秀な人でも同じ方向をめざして仕事ができなければ、大きな事業を成しとげることができないと考えているのです。

　面接でていねいに話を聞きますが、実績を積んできた技術者が、ALEのビジョンやミッションを理解し、共有してくれるか、1時間程度の面接で見きわめるのはむずかしいことです。そのため、採用後もミーティングで仕事の状況を確認し、問題があれば一緒に対策を考えて、おたがいの理解を深めています。

人工流れ星の実現に必要な研究者や資金を集める

　人工流れ星の実現には、大学やJAXA（宇宙航空研究開発機構）といった研究機関など社外の協力者も欠かせません。プロジェクトに賛同してくれるビジネスパートナーをさがすことも岡島さんの仕事です。ここでも事業のおもしろさとビジョンを理解し共感してもらうことを大切にして、技術チームとともに交渉します。岡島さんは研究者でもあったので、相手によっては研究者の視点で事業の魅力を話し合うのが強みです。

　こうしてビジネスパートナーの協力を得て、事業の実現をめざします。たとえば、流れ星の研究をしてい

ビジネスパートナーである取引先との会議にそなえて、わかりやすい資料を作成します。

る日本大学の先生の協力で、人工流れ星がおおいぬ座のシリウスくらい明るくなり、色も青や赤にすることができました。東北大学と共同開発した小型人工衛星のALE-1とALE-2は、2019年にJAXAとアメリカ企業のロケットによって打ち上げに成功しています。また、イベントなどで実際に人工流れ星を流したいと希望する企業や外国の観光局などにも、プロジェクトに参加してもらえるよう交渉します。

　さらに事業を成功させ、継続するためのお金を集めることも重要です。岡島さんは資金調達のプロであるスタッフとともに、投資してくれそうな個人投資家や証券会社などに、科学とエンターテインメント、科学と社会をつなぐという事業の意義や、この事業にお金を出すことで投資家にどのような利益がもたらされるのか具体的に説明していきます。岡島さんは世界規模の証券会社ではたらいていたので、その経験が役に立っています。会社を設立した当時、宇宙開発は国が行うものと考える人が大半でしたが、今では世界中の投資家から協力を得られるようになりました。

　科学とエンターテインメントの融合をめざした起業から10年あまりが経ちます。岡島さんは、大きなプロジェクトを短時間で実現していくため、さまざまな人の協力を得られるようにすることが起業家の責任だとあらためて実感し、日々の仕事に取り組んでいます。

開発チームを訪れ、プロジェクトの進み具合などを確認します。

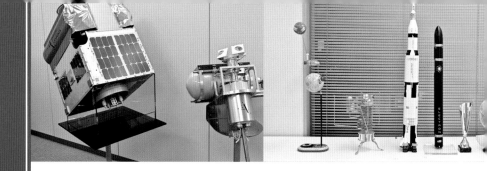

LENA'S 1DAY

岡島礼奈さんの
おかじまれな

1日

起業家として、プロジェクトの進捗状況の確認や、投資家と話し合う1日を見てみましょう。

起きたらすぐに朝食の支度をして、子どもたちと一緒に食べます。

子どもたちを学校に送り出してから、自分の身支度をします。

7:00
起床・朝食

8:00
子どもを見送る

24:00
就寝

21:30
入浴・映画鑑賞

20:30
ミーティング

入浴後は、映画やドラマを見ながら、リラックスしてすごします。

海外の取引先とは、時差があるため、夜に自宅でオンラインミーティングを行います。

20:30

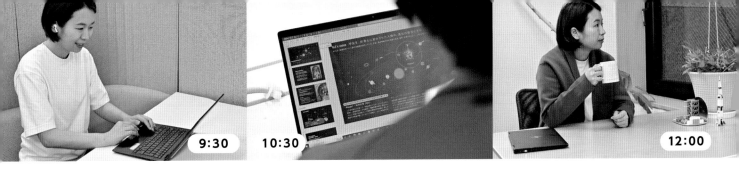

自宅からオンラインで、各チームのリーダーから前日の仕事の報告と今日の予定を聞きます。問題があれば、手助けすることがないか確認します。

出社して、メールをチェックしたり、社員とパソコンの画面を共有してオンラインで話し合ったりします。

昼食は、野菜や肉がバランスよくとれるクスクスがお気に入りです。食後はリラックスしてすごします。

来社した投資家と、プロジェクトについて話し合います。

9:30 ミーティング

10:30 出社

12:00 昼食・休憩

13:00 打ち合わせ

18:30 退社

16:00 開発チームを訪問

15:00 取材

14:00 資料作成

子どもをむかえに行き、帰宅して夕食をつくって食べます。

開発部署の開発チームを訪れて、プロジェクトの進捗状況を聞きます。

人工流れ星のプロジェクトについて取材を受けることも多く、模型などを見せながらわかりやすく説明します。

資料を作成しながら、出社している社員に声をかけ、報告や相談を受けることもあります。

INTERVIEW インタビュー

岡島礼奈さんをもっと

起業家になろうと思ったきっかけは何ですか?

大学・大学院で天文学を学んでいた時、とても優秀な天文学者や研究者である教授たちが、研究に必要な予算を得るのに苦労している姿を見て、研究者には研究に専念してもらいたい、わたしは国などの公的資金以外の方法で研究に必要な資金を集められる仕組みをつくって科学の発展に寄与したいと思い、起業家をめざしました。そして、世の中のお金の流れ、投資とはどのようなものかを知るためにゴールドマン・サックス証券という世界的な金融機関に入社したのです。

証券会社につとめて得たものは何ですか?

天文学の研究者は100年単位でものを考えますが、投資では3か月で結果を出すことを考えます。そうしたスピード感や、金融の仕組みを学びました。また、仕事を通じて人脈がつくれたことが大きかったです。特に上司だった方からは、最初に個人投資家を紹介してもらい、今でもアドバイスを受けています。

起業家の仕事の楽しさとは何ですか?

さまざまなジャンルのプロと話し合い、それぞれの専門性を活かして協力し合えることです。宇宙開発はまだ小さい市場ですが、これからどんどん拡大していくので、開発面でも資金面でも世界中の人とつながり、未来を創造していけることがとても楽しみですね。人工流れ星が実現したら大勢の人に喜んでもらえて、科学の魅力を感じてもらえることも楽しみです。

仕事で失敗したことはありますか?

数年前、営業チームが崩壊したことがあります。わたしはスタッフにプロジェクトを進める楽しさだけでなく、科学の大切さも伝えたいと望んでいました。しかし、スタッフは楽しさを強調して取引先を増やしたいと考えていたため、ズレが生じました。「科学はむずかしいから売れない」と言われた時はショックでした。会社のビジョンが明確でなかったために起こった失敗です。

この経験から、まず会社のビジョンやミッションを決めて言葉にするようにしました。今では会社のスタッフや、ビジネスパートナーのみなさまとも、ビジョンを共有することができています。

印象に残っているできごとを教えてください

元上司の紹介で最初の個人投資家の方に会った時、

知りたい

本来なら個人的な感情はおさえて、ALEに投資すれば、投資家はどのくらいの利益（リターン）を得られる可能性があるのかなど、数字もまじえて合理的に話すべきだと知っていたのに、人工流れ星の楽しさばかり伝えてしまいました。これは本来なら起業家としてやってはいけないことでした。でも、あとになってその個人投資家の方が、インタビューでALEに投資した理由を聞かれ、「岡島さんがリターンの話ではなく、人工流れ星の楽しさを語ったから」と答えていたのを読んで、うれしく思いましたし、おもしろがってもらえたのはとてもラッキーでした。もちろん今は、投資家の方にはプロジェクトに投資した場合のリターンをきちんと説明して納得していただいています。

ダイキからの質問

人工流れ星はふつうの流れ星とどこがちがうの？

　ふつうの流れ星は自然現象で、人工流れ星は科学の力でつくられるものです。自然の流れ星はスピードが速くて見えるのは1秒くらいですが、人工流れ星は数秒かけてゆっくり流れ、1度に数十個くらい流すことができます。また、日時や場所も設定できるので、たとえば観光地で見たり、都会のイベントで見たりすることもできます。科学とエンターテインメントが1つになったのが人工流れ星なのです。

わたしの仕事道具

人工流れ星の つぶ

投資家やメディアへの説明で使うのが人工流れ星のつぶ（流星源）です。直径1センチほどの金属で、材料を変えると色も変わります。この流星源を見せながらお話しすると、プロジェクトに共感してもらいやすくなります。

みなさんへの メッセージ

何か大きなことに挑戦したいと思ったら、まずは1人でもあきらめないこと。そして多くの人々がかかわってきた時のために、それをすることで何が実現できるのか、ビジョンを明確にしておくことも大事です。

岡島礼奈さんの今までとこれから

プロフィール

1979年、鳥取県生まれ。子どものころから昆虫や植物を観察するのが好きでした。宇宙へあこがれて東京大学で天文学を専攻し大学院で博士号を取得。研究者よりも起業家になるためゴールドマン・サックス証券に就職し、2011年に株式会社ALEを起業しました。2024年に人工流れ星を流す予定です。

1979年誕生

14歳

今につながる転機

21歳

28歳

30歳

31歳

34歳

現在

43歳

未来

45歳

イギリスの物理学者、スティーブン・ホーキング博士の『ホーキング、宇宙を語る』を読み宇宙に興味をもつ。

しし座流星群を見て、もっとたくさんの流れ星が見られるようにできたらいいなと、人工流れ星のアイデアを思いつく。

大学院を卒業し、ゴールドマン・サックス証券に入社。世界的な不況（リーマンショック）による事業縮小のため1年で退職。

経済水準は低いが成長力のある新興国に目を向け、日本の企業が新興国に進出するのを助けるビジネスコンサルティング会社を設立。

人工流れ星の技術を開発するため、株式会社ALE設立。宇宙関連の研究をしている大学の先生たちと共同で進める。

人工流れ星の記事を見た日本大学の教授と学生の協力で、おおいぬ座のシリウスと同等の明るさの人工流れ星の開発に成功する。

株式会社ALEの社長として、人工流れ星のプロジェクトや人工衛星による大気データ収集などの事業を行っている。

最初の人工流れ星を流す。それが成功したら会社のビジョンにそって新しい宇宙開発ビジネスをはじめる。

岡島礼奈さんがくらしのなかで大切に思うこと

中学1年のころ ▮▮▮
現在 ▮▮▮

自宅でも会社でもちょっとした時間を見つけて筋トレをしています。

岡島さんは、自宅でヤモリを飼っていて、子どもたちと観察しているそうです。

（レーダーチャートの項目）
勉強・仕事
遊び・趣味
自分みがき
人とのつながり
家族
お金
健康
人の役に立つ

SUP（立って乗る水上ボード）をするなど、子どもたちと自然に触れる時間を大切にしています。

業種を問わず、親しい起業家たちは仕事のなやみを相談できる大切な仲間です。

······· 岡島礼奈さんが考えていること ·······

基礎科学の大切さを伝えていきたい

わたしは宇宙への興味から天文物理学を学ぼうと大学に入りましたが、人工流れ星のプロジェクトで伝えたいと思っているのは、基礎科学の大切さです。

天文物理学は基礎科学の1つで、基礎科学はものの解像度を上げて理解していく、つまりものごとの真理を探求する学問です。数学や化学や地学などの

基礎科学はすぐに役に立たないと考える人もいますが、そんなことはありません。たとえばアインシュタインの「一般相対性理論」、とても難解だと思うかもしれませんが、今のわたしたちの生活に役立っているGPSは、宇宙空間と地上との時間のずれを説明した一般相対性理論を応用した技術なのです。

このように基礎科学は、思いがけない革新的な技術の種になります。人工流れ星を見た人たちが基礎科学に興味をもってくれたらいいなと思っています。

天文台広報

天文台の広報って
どんなことを
するの？

どんな
専門知識が
いるの？

そもそも
天文台って？

星をたくさん
見られるの？

天文台広報ってどんなお仕事？

天文台とは、星や宇宙の観測や研究を行う機関です。国や自治体が運営する天文台と、数は少ないものの民間で運営する天文台があります。なかでも、日本で最も大きい国立天文台の場合は研究のほか、日本の大学や研究機関が共同利用できる天文研究施設を開発すること、そして、研究の成果や天文に関する情報を世の中に広く知らせて社会貢献することも大切な役目です。そのため、研究と同じくらい広報の役割は重要です。

天文台の広報担当者は、イベントや情報提供を通じて、一般の人に向けて星や宇宙に親しむ機会をつくる普及活動を行ったり、研究成果を世の中に発表したりして、幅広い人々に天体観測や、宇宙のおもしろさを伝えています。

給与
（※目安）

25 万円
くらい～

各天文台で公募される勤務体系や広報内容によって変わります。専門的な知識が必要な場合や、経験を多く積んでいる場合は高くなる傾向があります。

※既刊シリーズの取材・調査に基づく

（ 天文台広報に なるために ）

ステップ 1 大学で天文学や物理学などを学ぶ

宇宙や星について学べる学部・学科に入学して学ぶ。英語力も必須。

ステップ 2 大学院に進み、より専門的に学ぶ

多くの人が大学院へ進学して、自分の研究をより専門的に学ぶ。

ステップ 3 天文台に就職

国立天文台のほか、自治体や民間が運営する天文台の広報の公募に応募し、就職する。

こんな人が向いている！

宇宙や星に興味がある。
何事にも好奇心が旺盛。
ものごとを深く考える。
天文学のおもしろさを
人に伝えたい。

もっと知りたい

公募条件によって専門的な知識が必要ない場合がありますが、大学では物理学や工学を学んでおくと役に立ちます。また、WordやExcelはもちろん、Macなどのパソコンスキルやプログラミング技術、英語のスキルがあると有利です。

天文台広報
石井未来さんの仕事

パソコンを使って、研究者とやりとりしながら記事を作成し、ウェブサイトに掲載します。

すばる望遠鏡やTMTの
ニュースをわかりやすく発信する

　石井さんは国立天文台の広報として、天文台の活動を世の中の人々に伝えています。特にハワイの「すばる望遠鏡」と、開発途中の次世代望遠鏡「TMT」（30メートル望遠鏡）を担当し、ニュースや観測成果の記事を書いて、ウェブサイトに掲載しています。

　すばる望遠鏡は、鏡の大きさが8.2メートルと、レンズや鏡を使った光学望遠鏡では日本で一番大きいもので、天体観測に適したハワイ島マウナケア山頂域

にあります。わたしたちの太陽系内はもちろん、太陽系がある銀河の外の銀河など、遠くにある天体も広く詳しく観測ができるので、さまざまな研究に使われています。TMTは、日本を含めた5か国が共同で開発している光学望遠鏡で、鏡の直径が30メートルにもなります。完成すれば、さらに遠くの天体や、暗くて小さい天体の観測ができるようになり、宇宙が誕生したなぞにせまることが期待されています。

　石井さんはハワイ観測所の研究者だったので、その知識と経験を生かし、すばる望遠鏡を用いた研究成果をわかりやすく記事にしています。研究者が最初に準

天文台では、ＴＭＴの巨大な鏡を構成する中の1枚の鏡の構造を展示しています。こうした展示物の定期チェックも仕事のうちです。

備する文章案は専門用語が多く、研究する方法が詳しく書かれているなど、内容がむずかしくなることが多いので、一般の人にもおもしろく読んでもらえるようにするのが石井さんの腕の見せどころです。石井さんは、その研究で何が新しくわかり、それがなぜ重要なのか、ストーリー性をもたせながら伝えることを心がけ、研究者本人の伝えたいことは尊重しながらも、幅広い人に興味をもってもらえるようにしています。しかし、天文学研究の専門的な内容を、ウェブサイトの記事だけで理解することはむずかしいので、イメージしやすい図や画像を使うなどの工夫もしています。完

新型コロナの影響でオンライン開催になった「三鷹・星と宇宙の日2020」では、画面越しに天文台を案内しました。

壁に理解してもらうことより、まずは研究や研究者に興味をもってもらえることが大事だと考えています。

ＴＭＴは、まだ建設の途中で研究成果はありませんが、プロジェクトの進み具合や、つくる過程でやっていること、ＴＭＴのことがわかるイベントの告知など、幅広い内容の記事を書いています。ＴＭＴは、完成にまだ10年以上かかるといわれる長期にわたるプロジェクトです。世の中の人からの注目を維持するためにも、積極的にニュースを発表し続けることが大切なのです。2週間に1度、ＴＭＴにかかわる人が出席する会議で、いろいろな部署の人から情報やニュースを集めます。また、国際的なプロジェクトなので、外国の人と相談して記事をまとめることもあります。

天文台の魅力を伝える企画を実施、パンフレットの作成も

イベントや展示会でのアピールも石井さんの大事な仕事です。天文台で毎年開く「三鷹・星と宇宙の日」は、一般の人に向けて天文台やその研究を知ってもらう機会です。ＴＭＴやすばる望遠鏡について情報をまとめたポスターの制作、クイズに参加しながら展示を見るなど、楽しんでもらえる企画を、毎年、広報チームや天文台の職員と一緒に考えます。ＴＭＴの30メートルの鏡がどのくらい大きいのか体感してもらうために、実物大シートをつくったこともあり好評でした。研究者や望遠鏡メーカーの人が集まる展示会では、ＴＭＴやすばる望遠鏡について伝えるブースをつくり、石井さん自身もブースで参加者と話をします。ウェブでの発信は読み手の反応がわかりにくいものですが、展示会は参加者の反応がすぐにわかるよい機会です。

展示会や天文台を訪れる人のために、望遠鏡や天文台を説明するパンフレットも作成します。石井さんは、目を引くような写真や図の配置を行い、画像と文字の情報のバランスに気をつけながら、読みやすくわかりやすい説明を心がけています。

4:30

石井未来さんの1日

外部の人とのやりとりや、記事の作成、展示物のチェックを行う石井さんの1日を見てみましょう。

起きてヨガをすると、すっきりした気分で1日をはじめられます。

まずメールをチェックし、問い合わせや研究者からの連絡など、返事が必要なものに返信します。

4:30
起床・ヨガ

6:30
朝食

8:30
出勤

21:00
就寝

20:00
家族とすごす

19:00
入浴・ストレッチ

子どものピアノの練習につきあったり、一緒に読書をしたりします。

20:00

TMTの進み具合を伝えるリリースの編集では、自分で記事を書くほか、チームメンバーが書いた記事を編集することもあります。

天文学研究者向けに、TMTの開発状況や国立天文台のニュースを伝えるメールマガジンをつくります。

新しくつくったパンフレットにまちがいやわかりにくいところがないか、チェック（校正）します。

9:30
リリースの編集

11:30
メールマガジンの作成

12:00
昼休み

13:30
校正

17:30
帰宅・夕食

16:30
メールチェック

15:00
広報資料の送付

14:30
展示物の確認

健康のため、肉、魚、野菜をバランスよく使って夕食をつくります。大豆や発酵食品も多く取り入れています。

広報資料や天文台の販促物などを送るときは、事務室の人にお願いします。

展示物をチェックして、かたむいたり、よごれたりしていたら、すぐに直します。

INTERVIEW インタビュー

石井未来さんをもっと

どうしてこの仕事を選んだのですか？

前は国立天文台の研究者でした。ハワイで、自分の研究やほかの研究者のすばる望遠鏡での観測を手伝う「サポート・アストロノマー」の仕事をしていました。

ハワイのマウナケア山頂域での仕事は体力を使います。夜通しの観測もあり、生活が不規則になりがちでした。同じ国立天文台の研究者と結婚し妊娠したのをきっかけに、規則正しい生活ができる仕事に変えようと考えました。ちょうど夫もハワイでの任期が終わって日本に帰ったので、日本で仕事をしようと思って見つけたのがTMTの広報の仕事です。研究者としての知識や経験を生かせるうえ、次世代の望遠鏡を世の中に知ってもらう仕事はすばらしいと思いました。子どもができたことで未来を大切に思うようになったのです。広報の仕事をはじめて7年くらいして、すばる望遠鏡の観測成果を伝える仕事も担当するようになりました。

研究者だったころは、どんな研究をしていましたか？

生まれて100万年、1000万年くらいの若い星を観測していました。若い星の光は、その星が生まれるもとになったちりにうもれて、人の目には見えません。そこで、その光を見ることができる装置を使って観測していました。太陽系外の惑星をさがすプロジェクトにも参加していました。自分では光らない、太陽系外の遠くにある惑星は、見つけるのがとてもむずかしいのです。まだだれも見ていない、知らないものを、自分が最初に見られるというのは、研究の楽しさです。

天文学を学ぼうと思った理由は何ですか？

大学に進学する時に文系にするか理系にするか考え、国語や歴史は自分でも勉強できるかもしれないけれど、理系の学問は大学で専門的に勉強しないとむずかしそうだと思って理系に進み、物理を学んでいました。

天文学に興味をもったのは、大学3年生の時。自然に囲まれているのが好きなので、自然を観察する研究をしたいと思ったのです。物理学は、ものの性質やものが動く法則などを研究する学問で、天文学も学ぶことができます。しかし大学では、天文学を学べる研究室の倍率が高くて入れなかったので、大学院に進学して専門的に学びました。

広報の仕事のやりがいは何ですか？

研究というのはとても地道な作業です。地道なことをやり続けた結果、新しいことがわかるのはすごいことだと思っています。それを一般の人にも興味をもっ

知りたい

てもらえるように伝えることは、とても楽しいし、うれしいですね。また、天文学の世界は、日常生活からは想像できないくらいスケールが大きく、多種多様な天体や事象があります。そういう大きな世界の一端を垣間見ることで、人生がゆたかになると思います。そのお手伝いができることをすばらしいと感じます。

これからやりたいと思うことはありますか？

　子ども向けの情報をもっと発信していきたいですね。イベントでTMTの鏡の実物大シートをつくった時は、多くの子どもがTMTに興味をもってくれました。TMTが完成したら使うのは今の子どもたちです。子どもが宇宙に親しめるきっかけをつくりたいと考えています。

ダイキからの質問

天文学に関する仕事をするならやっておくといいことはある？

　天文学の研究は世界中の人と協力するので、英語は大切です。観測結果の分析や、観測用のシステムが必要なので、プログラミング技術も役に立ちます。大学では物理学や工学を学ぶとよいですが、そのためには理系の勉強だけでなく、文章を読む力も必要です。つまり、小・中学校でやる科目はどれも大事な知識となるものなので、がんばって勉強しておくとよいですよ。

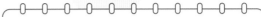

わたしの仕事道具

ノートパソコン

ノートパソコンがあれば、たいていの仕事ができます。今は在宅勤務も多いので、家でも使っています。うすくて軽い機種を自分で選び、キーボードの右手前にTMTのオリジナルステッカーを貼っています。

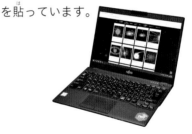

みなさんへのメッセージ

天文学にかかわる仕事には、研究以外にも、観測装置の開発や人工衛星やロケット開発、教育、広報など、いろいろあります。自分の好きなことをがんばれば、どこかで天文学の道に通じると思いますよ。

国立天文台

石井未来さんの 今までとこれから

プロフィール

1974年、東京生まれ。北海道大学で物理学を学び、名古屋大学大学院で宇宙物理学を専攻。研究者として国立天文台に就職し、すばる望遠鏡を使っての研究や、ほかの研究者のサポートをしていました。現在は天文台広報として、ネットの記事やイベントを通して天文学のおもしろさを伝えています。

1974年誕生

6歳

絵をかくのが好きで、将来は画家になりたかったが、絵であまりほめられることがなかった。

18歳

大学に入学。自然現象を短い数式で表せるという、シンプルなところにひかれて物理学を学ぶ。

22歳

以前から興味をもっていた天文学に専門的に取り組むため、大学院に進学して宇宙物理学を学ぶ。

28歳

国立天文台の研究員になり、大学院時代からの研究を続ける。2年後にはすばる望遠鏡の観測支援研究員になり、ハワイへ。

今につながる 転機

妊娠をきっかけに規則正しい生活ができる仕事をしたいと考える。日本にもどり、国立天文台でTMTの広報の仕事をすることに決める。

39歳

TMTのニュース以外にも、すばる望遠鏡の観測成果を伝える記事を担当するようになる。

46歳

ネット上での情報発信や、イベントを通して、天文学のおもしろさを広く伝えている。パンフレットづくりでは、子どもの時に絵をかくのが好きだったことも少し役立っている。

現在

48歳

未来

65歳

完成したTMTから、観測成果を伝える記事をどんどん出していきたい。

石井未来さんがくらしのなかで大切に思うこと

中学1年のころ ▬▬▬
現在 ▬▬▬

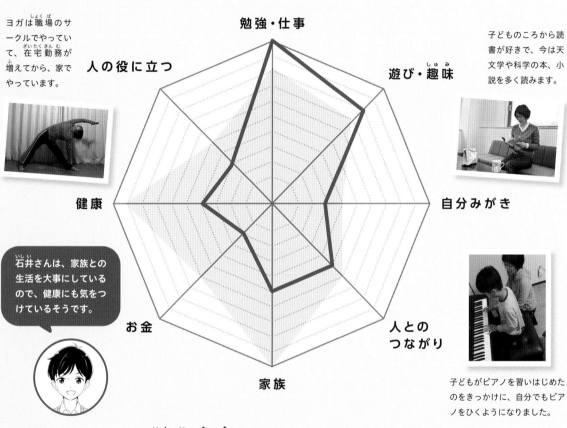

ヨガは職場のサークルでやっていて、在宅勤務が増えてから、家でやっています。

子どものころから読書が好きで、今は天文学や科学の本、小説を多く読みます。

人の役に立つ

勉強・仕事

遊び・趣味

健康

自分みがき

石井さんは、家族との生活を大事にしているので、健康にも気をつけているそうです。

お金

家族

人とのつながり

子どもがピアノを習いはじめたのをきっかけに、自分でもピアノをひくようになりました。

石井未来さんが考えていること

子どもとの生活や未来を大切にし、自分の健康管理をしっかり行う

　一番大切にしているのは、子どもとの生活です。若いころは、結婚にも出産にもあまり興味はなかったのですが、子育てをしている今、子どもは本当に宝物だと思います。仕事や家事でいそがしく、つかれてしまうこともありますが、子どもが話しかけてきた時は、必ず目を見て話すようにしています。

　仕事や家事をしっかりやっていくためにも、健康管理には気をつけて毎日ヨガやストレッチで身体を動かし、栄養バランスのよい料理をつくることを心がけています。子育てが一段落したら、好きな読書をする時間をもっと取りたいと思っています。
　開発途中のTMTは、今の子どもたちが大人になって研究者になった時に使ってくれるもので、そうした未来に貢献できることも、とてもほこりに思います。

ジブン未来図鑑 番外編

宇宙が好き！
な人にオススメの仕事

この本で紹介した、宇宙飛行士、星空写真家、宇宙開発起業家、天文台広報以外にも、「宇宙が好き！」な人たちにオススメの仕事はたくさんあります。ここでは番外編として、関連のある仕事をさらに紹介していきます。

▶ 職場体験完全ガイド ❺ p.3 とあったら
「職場体験完全ガイド」（全75巻）シリーズの5巻3ページに、その仕事のくわしい説明があります。学校や図書館にシリーズがあれば、ぜひチェックしてみてください。

JAXA職員（技術系）

（こんな人が向いている！）
・チャレンジ精神がある
・わからないことへの探求心がある
・仲間と協力して課題に取り組める

（こんな仕事）
多くの職種がありますが、主な仕事は、人工衛星や探査機、ロケットの開発や運用、地球観測衛星などのデータを解析して利用を推進する仕事、国際宇宙ステーションの有人宇宙環境を利用して実験や研究などを行う仕事、月・惑星などの探査などです。

（JAXA職員（技術系）になるには）
機械、電気・電子、情報、通信、物理、化学、生物など、理工系の学問を大学で学びましょう。JAXAの採用試験を受けて合格すれば職員として採用されます。採用試験では専門能力や適性が問われます。

JAXA職員（事務系）

（こんな人が向いている！）
・課題の解決にやりがいを感じる
・宇宙の魅力を人に伝えたい
・お金の仕組みや流れに関心がある

（こんな仕事）
経営企画、総務、法務、知財、輸出貿易管理、監査、人事、国際、広報・教育、事業開発などに携わる総務・事業系の仕事と、調達、財務、資金管理、予算を担当する資金系の仕事があります。入社後はその両方の仕事を経験して適性を見きわめたあとに、その後のキャリアが決まります。

（JAXA職員（事務系）になるには）
大学・専門学校で、法律、語学、経営、経済など、文系の学問の中でも就職後に役立つ専攻分野を選んで学んでおくとよいでしょう。JAXAの採用試験を受けて合格すれば職員として採用されます。

宇宙開発技術者

（ こんな人が向いている！ ）

・協調性をもって仲間と協力できる
・幅広い分野の学問を学ぶ意欲がある
・最先端の技術に興味がある

（ こんな仕事 ）

　宇宙開発にかかわる技術を開発・研究する仕事です。宇宙開発の研究機関や民間企業、大学などに所属し、ロケットや人工衛星などの開発、医療技術や素材技術の開発、宇宙や地球環境の観測などを行います。物理や化学、工学といった分野の技術者が多いですが、ほかにもさまざまな分野のスペシャリストが宇宙開発に携わっています。

（ 宇宙開発技術者になるには ）

　物理学、システム・制御工学、機械工学などを大学・専門学校で学び、採用試験を受けて研究機関などに就職します。英語力も要求されるのでTOEICなどの資格を取得するのもよいでしょう。

運用管制官

（ こんな人が向いている！ ）

・落ち着いて判断することができる
・状況を瞬時に把握できる
・相手の立場を思いやることができる

（ こんな仕事 ）

　国際宇宙ステーションや宇宙飛行士を、地上の運用管制室から２４時間３６５日交代で見守り、宇宙飛行士の業務への指示やサポートを行います。また、宇宙船や宇宙ステーション内の精密機械やシステムの環境を監視し、不具合や緊急事態が起こった時には対応して、宇宙飛行士の命を守っています。

（ 運用管制官になるには ）

　JAXAの有人宇宙開発にかかわる部門に配属されるか、宇宙事業に技術を提供する企業に就職し、技術者として運用管制の仕事につきます。大学・専門学校・大学院などで理工系の学問を学んでおくとよいでしょう。

NASA研究者

（ こんな人が向いている！ ）

・得意な学問をきわめたい
・環境の変化を楽しむことができる
・英語力に自信がある

（ こんな仕事 ）

　米国航空宇宙局（NASA）は、航空と宇宙に関する研究を行うアメリカの政府機関です。研究部門では宇宙や天体、宇宙の探査技術、宇宙と生物の関連などについての研究を行っています。研究者はそれぞれの専門分野の研究に従事しています。

（ NASA研究者になるには ）

　NASAに応募するには、アメリカの市民権を獲得する必要があります。しかし日本人でも、研究の業績があれば研究者として招かれるケースもあります。

▶ 職場体験完全ガイド ㊳ p.3

天文学者

（ こんな人が向いている！ ）

・星や天体を見るのが好き
・粘り強く努力を積み重ねられる
・なぞや不思議なできごとに関心がある

（ こんな仕事 ）

　天文学とは、宇宙や天体を研究する学問です。天体の位置や動き、状態やその変化、宇宙の構造などを研究します。天文学者は大学や天文台などで、星の観測や測定を行い、数値計算を通して、宇宙や地球の新しい現象や法則を発見していきます。自ら新しい観測装置を開発する研究者もいます。

（ 天文学者になるには ）

　大学の理学部物理学科天文学専攻の課程を卒業、大学院で天文学や宇宙物理学の修士課程を修了し、博士号を取得します。その後は研究機関や民間企業への就職や大学教授になるなどの進路があります。

MIRAI ZUKAN 01

MIRAI ZUKAN 02

MIRAI ZUKAN 03

MIRAI ZUKAN 04

宇宙物理学者

（こんな人が向いている！）
・地道に物事に取り組める
・幅広い視点で考えることができる
・理数系の勉強が得意

（こんな仕事）
　宇宙探査や観測で得たデータをもとに、宇宙の法則性や起源に迫る研究職です。宇宙に関するさまざまな疑問を、相対性理論や量子力学などの最新の理論や実験によって解明していくのが仕事です。宇宙物理学は天体物理学と呼ばれることもあります。

（宇宙物理学者になるには）
　大学で宇宙物理学や物理学、数学を学び、宇宙物理学の修士課程を修了し、博士号を取得します。大学で研究を続けるか、国立天文台や独立行政法人などの研究室で、自分のテーマを追究していきます。また、アメリカなど海外の大学の研究室で活動する人もいます。

プラネタリウムスタッフ

（こんな人が向いている！）
・天体や宇宙に興味がある
・人と話したり、人に教えるのが好き
・機械を操作するのが得意

（こんな仕事）
　プラネタリウムスタッフは、投影するプログラムの監修や制作、上映中の解説や投影機の操作など、さまざまな業務を行い、「プラネタリアン」の愛称で呼ばれます。また上映の前後に観客の誘導や、チケットを販売するなど接客係としての役割もあります。観客が入っていない時には、機材の保守や点検などの管理業務も担当します。

（プラネタリウムスタッフになるには）
　特に必要な資格はありません。プラネタリウムの運営を行う自治体や会社に就職してはたらきます。ある程度の星や天体の知識を身につけておくと、就職に有利です。

天体望遠鏡メーカースタッフ

（こんな人が向いている！）
・手先が器用でものをつくるのが得意
・科学や先端技術に興味がある
・日食、月食や流星群を見るのが好き

（こんな仕事）
　天体望遠鏡メーカーは、精密な部品で構成される天体望遠鏡や双眼鏡などを開発・製造・販売します。仕事は大きく営業、経理、人事、貿易実務などを担当する事務系と、天体望遠鏡の研究開発や設計、製造、生産管理に携わる技術系とに分かれます。

（天体望遠鏡メーカースタッフになるには）
　天体望遠鏡メーカーの採用試験では、大学卒業以上の学歴を求められることが多いです。特に高度な専門性が求められる技術系に進むためには、理系の大学や大学院を卒業しておく必要があります。企業によって学科や専攻が限定されることもあるため、事前によく確認しておくことが大切です。

天文雑誌編集者

（こんな人が向いている！）
・天体観測が趣味
・文章を読んだり書いたりするのが好き
・おもしろいアイデアがよくひらめく

（こんな仕事）
　天文の専門雑誌をつくる仕事です。発売される月の季節の星空や天文現象、天文学のトピックスなどの情報を集めて、記事の企画を考えます。次に天文学や天体観測、天体写真の専門家やライターに原稿執筆を依頼し、写真や図版、イラストなども手配します。集まった素材をデザイナーにわたしてレイアウトを行い、チェックを重ねて記事を完成させます。

（天文雑誌編集者になるには）
　短大・専門学校・大学卒業後、編集プロダクションや出版社の採用試験を受けて入社します。天体や星空の知識があることが大切ですが、大学で天文学、宇宙物理学を学んでおくと採用に有利です。

星空ガイド

（こんな人が向いている！）
・星座に詳しい
・人と接することが好き
・イベントを企画するのが好き

（こんな仕事）

　お客さまに星や星座、惑星などを解説したり、天体望遠鏡や双眼鏡を使って、実際にさまざまな天体を見せながらガイドしたりする仕事です。流星群や月食などの天体ショーのイベントや、地域の観光と天体をからめたイベントなどの企画も行います。

（星空ガイドになるには）

　星空ガイドを運営する会社や星空のイベントに力を入れているホテルなどに就職してはたらきます。ほかの職業とのかけもちやボランティアとして星空ガイドをする人もいます。星空案内人資格認定制度運営機構の「星空案内人」という資格を取っておくと就職に有利です。

気象予報士

（こんな人が向いている！）
・気象に関する知識を学ぶ意欲がある
・読解力や文章力、説明力がある
・臨機応変に対応できる

（こんな仕事）

　国土交通省気象庁から提供される観測データなどをもとに天気を予測します。テレビの天気予報コーナーへの出演、気象ニュースの原稿作成、自治体や企業に提供する気象データの作成などを行います。

（気象予報士になるには）

　気象予報士になるためには、国家試験である「気象予報士試験」に合格する必要があります。受験資格の制限はありません。資格を得たあと、気象予報サービスを提供する会社などに就職してはたらきます。

▶ 職場体験完全ガイド ㉝ p.3

「職場体験完全ガイド」で紹介した仕事

「宇宙が好き！」な人が興味を持ちそうな仕事を PICK UP！

こんな仕事も…

宇宙ビジネスコンサルタント／人工衛星エンジニア／宇宙ベンチャー企業社員／科学館スタッフ／食品メーカー社員（宇宙食開発）／占星術師／

関連のある仕事や会社もCHECK！

関連のある仕事

関連のある会社

大林組には、「宇宙エレベーター」など、宇宙開発に取り組む部門があるよ。

取材協力

宇宙航空研究開発機構（JAXA）

株式会社 ALE

株式会社 FunMake

大学共同利用機関法人
自然科学研究機構 国立天文台

写真提供

成澤広幸

スタッフ

イラスト	加藤アカツキ
ワークシート監修	株式会社 NCSA
	安川直志（キャリアデザインアドバイザー）
	安川志津香（キャリアデザインアドバイザー）
編集・執筆	青木一恵
	安藤千葉
	大宮耕一
	嘉村詩穂
	須藤智香
	田口純子
校正	有限会社くすのき舎
	菅村薫
	別府由紀子
撮影	大森裕之
デザイン	パパスファクトリー
編集・制作	株式会社 桂樹社グループ
	広山大介

ジブン未来図鑑　職場体験完全ガイド＋　⑩　宇宙が好き！

宇宙飛行士・星空写真家・宇宙開発起業家・天文台広報

発行　2023年4月　第1刷

発行者　千葉 均

編集　柾屋 洋子

発行所　株式会社 ポプラ社
　　　　〒102-8519
　　　　東京都千代田区麹町4-2-6

ホームページ　www.poplar.co.jp（ポプラ社）
　　　　　　　kodomottolab.poplar.co.jp（こどもっとラボ）

印刷・製本　図書印刷株式会社

あそびをもっと.
まなびをもっと.

こどもっとラボ

ポプラ社はチャイルドラインを応援しています

18さいまでの子どもがかけるでんわ

チャイルドライン®

0120-99-7777

毎日午後**4**時〜午後**9**時　※12/29〜1/3はお休み

電話代はかかりません
携帯（スマホ）OK

18さいまでの子どもがかける子ども専用電話です。
困っているとき、悩んでいるとき、うれしいとき、
なんとなく誰かと話したいとき、かけてみてください。
お説教はしません。ちょっと言いにくいことでも
名前は言わなくてもいいので、安心して話してください。
あなたの気持ちを大切に、どんなことでもいっしょに考えます。

チャット相談は
こちらから

自分の未来を「好き」から選ぶ、キャリア教育の新定番！

ジブン未来図鑑 職場体験完全ガイド＋ N.D.C.366（キャリア教育） 全10巻

第１期

❶ 食べるのが好き！
パティシエ・シェフ・すし職人・料理研究家

❷ 動物が好き！
獣医・トリマー・動物飼育員・ペットショップスタッフ

❸ おしゃれが好き！
ファッションデザイナー・ヘアメイクアップアーティスト・スタイリスト・ジュエリーデザイナー

❹ 演じるのが好き！
俳優・タレント・アーティスト・ユーチューバー

❺ デジタルが好き！
ゲームクリエイター・プロダクトマネージャー・ロボット開発者・データサイエンティスト

第２期

❻ スポーツが好き！
サッカー選手・野球監督・e スポーツチーム運営・スポーツジャーナリスト

❼ 子どもが好き！
小学校の先生・保育士・ベビーシッター・スクールソーシャルワーカー

❽ 医療が好き！
医師・看護師・薬剤師・診療放射線技師

❾ アニメが好き！
イラストレーター・アニメーター・声優・ボカロP

❿ 宇宙が好き！
宇宙飛行士・星空写真家・宇宙開発起業家・天文台広報

仕事の現場に完全密着！ 取材にもとづいた臨場感と説得力!!

職場体験完全ガイド N.D.C.366（キャリア教育） 全75巻

第１期

❶ 医師・看護師・救急救命士 ❷ 警察官・消防官・弁護士 ❸ 大学教授・小学校の先生・幼稚園の先生 ❹ 獣医師・動物園の飼育係・花屋さん ❺ パン屋さん・パティシエ・レストランのシェフ ❻ 野球選手・サッカー選手・プロフィギュアスケーター ❼ 電車の運転士・パイロット・宇宙飛行士 ❽ 大工・人形職人・カーデザイナー ❾ 小説家・漫画家・ピアニスト ❿ 美容師・モデル・ファッションデザイナー

第２期

⓫ 国会議員・裁判官・外交官・海上保安官 ⓬ 陶芸家・染めもの職人・切子職人 ⓭ 携帯電話企画者・ゲームクリエイター・ウェブプランナー・システムエンジニア（SE） ⓮ 保育士・介護福祉士・理学療法士・社会福祉士 ⓯ 樹木医・自然保護官・風力発電エンジニア ⓰ 花卉農家・漁師・牧場作業員・八百屋さん ⓱ 新聞記者・テレビディレクター・CM プランナー ⓲ 銀行員・証券会社社員・保険会社社員 ⓳ キャビンアテンダント・ホテルスタッフ・デパート販売員 ⓴ お笑い芸人・俳優・歌手

第３期

㉑ 和紙職人・織物職人・蒔絵職人・宮大工 ㉒ 訪問介護員・言語聴覚士・作業療法士・助産師 ㉓ 和菓子職人・すし職人・豆腐職人・杜氏 ㉔ ゴルファー・バレーボール選手・テニス選手・卓球選手 ㉕ テレビアナウンサー・脚本家・報道カメラマン・雑誌編集者

第４期

㉖ 歯科医師・薬剤師・鍼灸師・臨床検査技師 ㉗ 柔道家・マラソン選手・水泳選手・バスケットボール選手 ㉘ 水族館の飼育員・盲導犬訓練士・トリマー・庭師 ㉙ レーシングドライバー・路線バスの運転士・バスガイド・航海士 ㉚ スタイリスト・ヘアメイクアップアーチスト・ネイリスト・エステティシャン

第５期

㉛ ラーメン屋さん・給食調理員・日本料理人・食品開発者 ㉜ 検察官・レスキュー隊員・水道局職員・警備員 ㉝ 稲作農家・農業技術者・魚屋さん・たまご農家 ㉞ 力士・バドミントン選手・ラグビー選手・プロボクサー ㉟ アニメ監督・アニメーター・美術・声優

第６期

㊱ 花火職人・筆職人・鋳物職人・桐たんす職人 ㊲ 書店員・図書館司書・翻訳家・装丁家 ㊳ ツアーコンダクター・鉄道客室乗務員・グランドスタッフ・外国政府観光局職員 ㊴ バイクレーサー・重機オペレーター・タクシードライバー・航空管制官 ㊵ 画家・映画監督・歌舞伎俳優・バレエダンサー

第７期

㊶ 保健師・歯科衛生士・管理栄養士・医薬品開発者 ㊷ 精神科医・心療内科医・精神保健福祉士・スクールカウンセラー ㊸ 気象予報士・林業作業士・海洋生物学者・エコツアーガイド ㊹ 板金職人・旋盤職人・金型職人・研磨職人 ㊺ 能楽師・落語家・写真家・建築家

第８期

㊻ ケアマネジャー・児童指導員・手話通訳士・義肢装具士 ㊼ 舞台演出家・ラジオパーソナリティ・マジシャン・ダンサー ㊽ 書籍編集者・絵本作家・ライター・イラストレーター ㊾ 自動車開発エンジニア・自動車工場従業員・自動車整備士・自動車販売員 ㊿ 彫刻家・書道家・指揮者・オペラ歌手

第９期

(51) 児童英語教師・通訳案内士・同時通訳者・映像翻訳家 (52) 郵便配達員・宅配便ドライバー・トラック運転手・港湾荷役スタッフ (53) スーパーマーケット店員・CD ショップ店員・ネットショップ経営者・自転車屋さん (54) 将棋棋士・総合格闘技選手・競馬騎手・競輪選手 (55) プログラマー・セキュリティエンジニア・アプリ開発者・CGデザイナー

第10期

(56) NASA 研究者・海外企業日本人スタッフ・日本企業海外スタッフ・日本料理店シェフ (57) 中学校の先生・学習塾講師・ピアノの先生・料理教室講師 (58) 駅員・理容師・クリーニング屋さん・清掃作業スタッフ (59) 空手選手・スポーツクライミング選手・プロスケートボーダー・プロサーファー (60) 古着屋さん・プロゲーマー・アクセサリー作家・大道芸人

第11期 会社員編

(61) コクヨ・ヤマハ・コロナ・京セラ (62) 富士通・NTTデータ・ヤフー・ND ソフトウェア (63) タカラトミー・キングレコード・スパリゾートハワイアンズ・ナゴヤドーム (64) セイコーマート・イオン・ジャパネットたかた・アマゾン (65) H.I.S.・JR 九州・伊予鉄道・日本出版販売

第12期 会社員編

(66) カルビー・ハウス食品・サントリー・雪印メグミルク (67) ユニクロ・GAP・カシオ・資生堂 (68) TOTO・ニトリホールディングス・ノーリツ・ENEOS (69) TBS テレビ・講談社・中日新聞社・エフエム徳島 (70) 七十七銀行・楽天 Edy・日本生命・野村ホールディングス

第13期 会社員編

(71) ユニ・チャーム・オムロン ヘルスケア・花王・ユーグレナ (72) 三井不動産・大林組・ダイワハウス・乃村工藝社 (73) au・Twitter・MetaMoJi・シャープ (74) ABEMA・東宝・アマナ・ライゾマティクス (75) 東京書籍・リクルート・ライフイズテック・スイッチエデュケーション

図書館用特別堅牢製本図書

「自分のキャリアをイメージしてみよう」

❶

「自分の生まれた年」と「現在の年齢」、「今好きなこと」や「小さいころ好きだったこと」を書いてみましょう。

❷

この本で紹介している4人の**「今までとこれから」**を参考に、**「これから学びたいこと」「してみたいこと（アルバイトなど）」「どんな仕事につきたいか」「どこにだれと住んでいたいか」**を、年齢も入れながら書いてみましょう。

❸

60歳の自分が「どんなくらしをしているか」、想像して書いてみましょう。

❹

気づいたことを、メモしておきましょう。

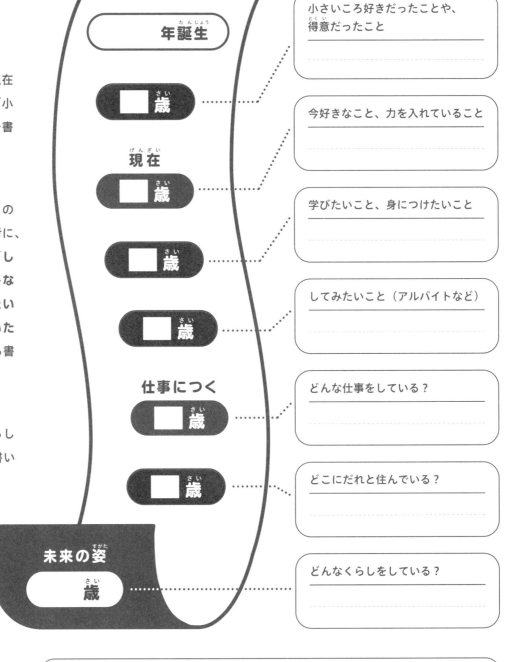

誕生年

小さいころ好きだったことや、得意だったこと

◯歳

今好きなこと、力を入れていること

現在

◯歳

学びたいこと、身につけたいこと

◯歳

してみたいこと（アルバイトなど）

◯歳

仕事につく

◯歳

どんな仕事をしている？

◯歳

どこにだれと住んでいる？

未来の姿

◯歳

どんなくらしをしている？

なりたい自分に近づくために必要なこと

気づいたこと

なりたい自分に近づくために必要なことは何か、課題は何か、考えてみましょう。